MÉMOIRE

ADRESSÉ

A Son Excellence Monsieur le Ministre de la Justice

PAR LE SIEUR AUGÉ

ANCIEN NOTAIRE A SIGUER

Au sujet de sa démission

Après trente années de services, soit dans les principales études des notaires, soit à la préfecture de Toulouse ; après m'être imposé toute sorte de privations, j'étais parvenu, par mon économie, à réaliser les ressources nécessaires pour acheter un petit notariat de troisième classe, à Siguer, canton de Vicdessos (Ariége).

J'exerçais les modestes fonctions de notaire avec le plus grand zèle et la plus grande délicatesse, afin de laisser une trace honorable et irréprochable de ma gestion, lorsque M. le Maire de Siguer me fit subir une avanie inqualifiable.

En sa qualité de Maire, il se fit nommer gérant et administrateur de la succession que M. Darexy, mon prédécesseur, avait léguée à la commune de Siguer.

Les héritiers ayant contesté la validité du testament, l'affaire fut soumise au Conseil d'Etat.

En arrivant à Siguer, je défendis vivement les intérêts de cette commune, et bientôt après, la question fut décidée en sa faveur, et elle fut investie de l'entière succession.

Quelque temps après, il fallut vendre le mobilier provenant de cet héritage ; mais, au lieu de m'appeler pour faire cette vente, M. le Maire préféra s'entendre avec un Avoué du tribunal de Foix, pour la faire lui-même administrativement.

Il est certain qu'il n'était pas capable d'y procéder tout seul, et qu'elle a été réellement faite, en son nom, par l'Avoué, qui se rendit à Siguer avec son clerc et un crieur public, agissant disait-il, avec les pleins pouvoirs du maire.

On sait que les Avoués n'ont pas le droit de s'immiscer dans les ventes publiques de meubles, et qu'aux termes de l'article 1er de la loi du 22 pluviose an VII, les notaires sont en première ligne pour y procéder. Je m'attendais donc à la faire et je fus vivement contrarié d'être privé de cette faveur.

Je pourrais m'étendre amplement sur les scènes scandaleuses auxquelles donna lieu cette vente, à laquelle s'étaient rendus beaucoup d'étrangers.

Je pourrais parler des paquets de linge soigneusement préparés par deux femmes de confiance du Maire, et dans lesquels les acheteurs de bonne foi ne trouvaient que de vieux chiffons, qui furent vendus à des prix exorbitants. Les réclamants étaient appréhendés au collet par l'Avoué et mis impitoyablement à la porte.

Un vieux pantalon, rongé par la vermine, fut vendu et revendu trois ou quatre fois.

Les harnais de la voiture donnèrent lieu à un procès : après les avoir offerts à M. Bacou, expert-géomètre de Miglos, qui avait acheté les neufs seulement, on le força à rendre les vieux à un nommé Rouzaud, de Sem, qui avait acheté quelques mauvaises courroies. Il y eut là une méprise que je ne veux pas expliquer...

La plus belle montre de mon prédécesseur fut mise en vente ; elle disparut, et on mit à sa place une vieille patraque. Ce tour de main fut remarqué par plusieurs personnes, notamment par MM. Alphonse Arnaud, boulanger à Capoulet ; Hippolyte Cambon, boulanger à Vicdessos ; Espy, propriétaire à Capoulet, qui me l'ont affirmé, sans vouloir me faire une déclaration écrite, d'après l'avis d'un avocat distingué de Foix, que je pourrais nommer.

Cette montre fut rendue au Maire sur les vives et bruyantes réclamations de MM. Hilaire et Vergé, de Tarascon ; celui-ci, croyant avoir enchéri la belle montre de mon prédécesseur, ne voulut pas accepter la vieille patraque qu'on lui avait adjugée, ce qui occasionna un effroyable tumulte et porta l'indignation publique à son comble.

La montre retrouvée fut de nouveau mise en vente et adjugée à l'Avoué, qui aurait fait, d'après ce qui m'a été affirmé, de très-bonnes affaires à cette vente, sur laquelle il a été pris 10 p. %, et qui a produit près de dix mille francs.

Quant à moi, n'y ayant pas assisté, je ne puis rien dire ; néanmoins je pourrais donner beaucoup de détails sur les faits qui m'ont été signalés.

Je n'ai jamais joué le rôle de délateur, et si j'ai fait une plainte pleine de modération au sujet de la vente de ce mobilier, ce n'a été que pour défendre mes prérogatives et mes intérêts.

M. le Maire de Siguer et l'Avoué son assesseur, craignant que le Parquet ne fit procéder à une enquête sur cette vente, inventèrent les plus monstrueuses calomnies contre moi pour l'en détourner : *une vieille servante du maire a dit que Monsieur n'avait pas dormi de deux mois, de peur de cette enquête.*

Le 13 mai 1869, ayant été convoqué à Foix, à l'occasion de la réunion générale des notaires de l'arrondissement, je vis M. Pouradier-Duteil, alors chef du parquet, qui me reçut d'une manière effrayante ; il m'accusa de légèreté d'avoir fait cette plainte et de l'avoir adressée à M. le Procureur général.

Vous êtes accusé, me dit-il, d'avoir mené les enfants à la boucherie et d'avoir fait un trafic sur les enfants : il a altéré une procuration, dit un substitut ; c'était à qui me jetterait la pierre.

M. Duteil commença à me demander ma démission, je lui répondis qu'il l'aurait à ma mort et que toutes ces accusations n'étaient que des faussetés. Je fus horriblement blessé de cette réception et je m'en revins à Siguer le cœur navré.

Je ne comprends pas comment un chef de Parquet, qui doit être un homme sérieux et qui m'avait présenté lui-même, il y avait à peu près deux ans, à l'assemblée des notaires pour ma nomination, comme jouissant d'une grande honorabilité, se laissa tromper par de funestes influences et me demanda ma démission.

Il est nécessaire de donner ici quelques explications pour constater la réalité des faits.

Pendant les années 1865 et 1866, j'ai eu à Toulouse la visite de quelques pauvres femmes de Lercoul, mon pays d'origine, elles allaient chercher un nourrisson et comme elles ne savaient à qui s'adresser, elles venaient me trouver. Je les recevais avec bienveillance, et après leur avoir donné la plus cordiale hospitalité, je les conduisais, soit à l'Hôtel-Dieu, où j'ai d'excellents amis, soit chez une placeuse d'enfants, nommée Mme Vincens, qui indiquait les médecins ou les personnes qui avaient besoin d'une nourrice.

C'était une corvée pénible et humiliante pour moi, mais je la faisais par charité et par humanité envers mes pauvres compatriotes, afin de leur faire gagner de quoi acheter un morceau de pain et de payer les contributions. Elles portaient ordinairement de très-bons certificats du Maire et du Desservant, avec lequel j'étais parfaitement d'accord pour faire le bien.

La première qui vint me trouver est une nièce par alliance du sieur Louis Sérou, alors Maire de Lercoul; elle fut conduite, sur l'indication de Mme Vincens, chez

M. le docteur-médecin Roziés : « *Vous me faites un grand
» plaisir*, me dit-il, *il y a trois jours que je cherche une
» nourrice et je n'en trouve pas.* » Je conduisis cette
femme à une heure loin de Toulouse, jusqu'à la porte
du château où était la mère qui lui confia son enfant, et
je m'en revins chez moi. C'est la nommée Jeanneton Augé,
femme d'Henri Sérou, qui a soigné cette enfant pendant
deux ans, et qui l'a rendue à sa mère dont elle a reçu
environ 800 francs.

Après celle-là, dix ou douze autres vinrent m'importuner pour me prier de faire des courses *désagréables*, dont je me serais bien passé.

Le 1er février 1868, je quittai Toulouse, pour aller prendre possession de mon office de notaire à Siguer, et, dès ce moment, je fus à l'abri de leurs obsessions.

On a dit que j'ai gardé l'argent des nourrices ; il n'y a rien de plus faux, et si j'ai reçu quelques fonds pendant mon séjour à Toulouse, par complaisance, comme c'était convenu, afin d'éviter les dérangements auxquels auraient donné lieu les envois mensuels de petites sommes par la poste, je m'empressais, en arrivant à Lercoul, où j'allais passer quelques mois de l'année, d'en rendre compte aux nourrices de la manière la plus exacte, ce que je puis prouver par les reçus qu'elles m'ont faits ; et je mets qui que ce soit au défi de me prouver que j'aie reçu un centime de récompense.

Malheureusement il y a eu quelques mauvaises mères qui n'ont pas exactement payé les nourrices ; dans ce nombre se trouve une femme Lafforgue, qui a fait perdre 145 fr. à ma nièce ; et lorsque j'ai demandé l'intervention du Parquet pour la faire payer, il a été répondu qu'il n'y avait ni crime ni délit, et que la nourrice n'avait d'autre moyen à employer que l'action civile : c'est une somme perdue pour ma nièce, et le Parquet ne trouve rien à faire pour ce genre d'escroquerie.

Il est vrai que j'ai reçu 600 fr. pour un enfant placé chez un pauvre neveu que j'ai à Sem, mais cet enfant a été très-bien soigné, ce qui prouve qu'il n'a pas été mené à la boucherie, et j'ai donné plus de 600 fr.; il est aujourd'hui un soutien pour la femme qui l'a nourri. J'ai même répondu de cet enfant, afin de faire profiter un de mes pauvres parents de cette bonne occasion qui se présente rarement. Quel mal ai-je donc fait là pour faire dire à M. de Sarrieu, alors substitut, que celui-là seul me condamne? Celui-là seul, au contraire, justifie mes bonnes intentions.

Sur la demande qui m'en a été faite par M. le Juge de paix de Vicdessos, j'ai donné, au sujet de cet enfant, tous les renseignements possibles. J'aurais bien désiré qu'on découvrît la mère; mais, malgré toutes les démarches faites par la police de Toulouse auprès de la sage-femme Mme Mauran, celle-ci n'a pas voulu la faire connaître.

Il est certain qu'au moyen de la petite somme que j'ai reçue et que j'ai largement payée à la nourrice, j'ai fait manger du pain à une pauvre famille pendant cinq ans. Et on vient me dire que celui-là seul me condamne! cela me donne une bien triste idée de certains hommes chargés de rendre la justice.

On m'a fait remarquer qu'il y a eu une grande mortalité parmi ces enfants ; il en est mort à peu près sept sur vingt, mais ce n'est pas ma faute.

D'autre part, il ne faudrait pas croire que les nourrices qui ont été les chercher à Toulouse dans le but de gagner quelque chose, les aient anéantis ; elles ne recevaient en les prenant que le premier mois de solde et une indemnité pour frais de voyage.

Il est vrai, puisqu'il faut tout dire et faire une confession générale, que j'ai ajouté deux mots à une procuration ; mais c'est dans le seul but de la régulariser, et il n'y a pas eu de ma part la moindre intention de fraude : c'est, d'après l'opinion émise par des hommes compétents, une légère faute matérielle, dont la gravité se mesure sur le préjudice causé ; l'un deux a même ajouté qu'il ne se trouverait pas en France une chambre de discipline qui infligeât une punition au notaire pour ce fait, et cependant on m'a menacé du banc des assises !

Le Receveur de l'enregistrement, qui avait vu cette addition, ne la releva pas, par le motif qu'il n'y voyait pas de gravité, seulement il me conseilla de l'effacer, ce que je fis immédiatement. La procuration est telle que je l'ai reçue.

M. de Mazieux, alors Receveur, confia ce fait à M. Bergasse, son ami intime, alors Juge de paix à Vicdessos, et celui-ci s'empressa d'en porter la nouvelle au Parquet, qui lui donna l'ordre de vérifier tous mes actes et de les saisir.

C'était pendant le mois de décembre 1869 ; M. Bergasse me fit porter deux fois tous mes actes à Vicdessos ; j'arrivai chez lui tout malade et couvert de glaçons ; il les bouleversa tous pour trouver la dite procuration qu'il voulait garder. « *J'ai ordre, me dit-il, de saisir tous vos actes.* » Il fut convenu que je la porterais le lendemain au Parquet, ce que je fis exactement.

A mon arrivée au Parquet, M. Duteil, qui avait été surexcité contre moi par de mauvaises influences, ne voulut pas voir la procuration, et il me demanda de nouveau ma démission.

Fatigué de toutes ces tracasseries, je consentis à la lui donner, et je l'écrivis d'une main tremblante, sous sa dictée, m'engageant à exercer mes fonctions jusqu'à mon remplacement.

Je la donnai spontanément, sans consulter personne et sans avoir le temps de réfléchir; le lendemain, au lieu de la déchirer, il s'empressa de l'envoyer à M. le Procureur général Léo Dupré, avec de très-mauvaises notes sur mon compte, et ma démission fut acceptée avec empressement.

Deux enquêtes ont eu lieu sur cette affaire : la première a été faite par M. Bergasse, Juge de paix, qui s'en est occupé avec passion, par des motifs d'intérêt que je ferai connaître au besoin ; et la seconde par M. Reynier, son successeur, qui m'a affirmé avoir détruit l'enquête de M. Bergasse.

Je ne puis pas dire pourquoi il n'a pas été procédé à une enquête au sujet de la vente du mobilier provenant de la succession de mon prédécesseur, qui a donné lieu à ma plainte du 7 mai 1869 à M. le Procureur général et qui a soulevé une véritable tempête contre moi.

Je ne puis pas dire pourquoi M. Duteil, en me dictant

ma démission, m'imposa l'obligation d'exercer mes fonctions jusqu'à mon remplacement. « *Vous exercerez*, me dit-il, *indéfiniment.* » Ce que je puis dire, c'est que trois mois après l'avoir donnée, j'ai été spolié de mon office avec inhumanité ; c'était ma seule et unique ressource, et je me trouve réduit aujourd'hui à une très-minime pension de retraite que j'ai laborieusement gagnée comme chef de bureau à la préfecture de Toulouse pendant 22 ans. Je suis privé aujourd'hui non-seulement du revenu de mon office, mais encore du recouvrement des frais d'actes qui me sont dus et du capital que je suis sur le point de perdre !

Mes archives ont été en partie détruites ; j'ai trouvé la moitié d'un registre d'actes chez le sieur Subra, épicier à Siguer, qui en faisait des cornets : il me dit que le Maire et un Conseiller municipal les lui avaient donnés. M. Duteil à qui je montrai ce registre, me dit, que c'était une action à intenter à la commune.

On m'a reproché d'avoir mené les enfants à la boucherie ! C'est moi qu'on a mené à la boucherie, en me torturant et me demandant ma démission sans motif légitime.

On a dit que j'ai donné ma démission pour me soustraire aux conséquences de fautes graves ; je ne puis pas laisser passer cette assertion sans protester : la vérité est que je l'ai donnée dans un moment de trouble, pour mettre un terme aux tracasseries tyranniques et inquisitoriales qu'on me faisait subir. M. Duteil me dit, au sujet de cette procuration, *que s'il y avait eu dol ou fraude, il n'aurait pas pu arrêter les poursuites* ; et puisque ce n'était qu'une simple faute matérielle, sans gravité, pourquoi me demander ma démission ?

Lorsque je l'ai signée, je ne pensais pas qu'il y fût donné une suite aussi sévère ; je m'attendais à exercer mes fonctions jusqu'à mon remplacement : c'est-à-dire, jusqu'à l'installation de mon petit neveu, qui a été frappé du même coup et réduit à la misère. Je lui aurais laissé mon étude qui peut rapporter de 1,500 à 2,000 fr. de revenu par an.

Je laisse au nouveau chef consciencieux du Parquet le soin de réparer le préjudice que son prédécesseur m'a causé.

Je laisse à M. Duteil toute la responsabilité des conséquences de ma démission qu'il n'aurait pas dû me demander.

J'ai nommé les trois hommes qui ont joué le principal rôle dans cette affaire ; je pourrais faire connaître leur moralité et leur conduite, mais j'aime mieux garder le silence.....

Le canton de Vicdessos est servi aujourd'hui par un seul notaire, qui exerce ses fonctions depuis environ quarante ans ; il est déjà avancé en âge et il jouit d'une faible santé ; la plupart des habitants du canton, le trouvant un peu exigeant, vont passer leurs actes ailleurs. S'il venait à manquer, il faudrait aller, en cas de besoin, au chef-lieu du département. On comprendra qu'un second notaire est d'une nécessité absolue dans ce canton, et, s'il y avait un office à supprimer, ce serait plutôt celui de Capoulet, qui se trouve sur la limite du canton de Vicdessos et qui est le quatrième du canton de Tarascon.

Au nom de la justice dont vous tenez la balance à la main, au nom de mon honneur, ce que j'ai de plus précieux au monde, et de mes intérêts lésés, je vous supplie instamment, Monsieur le Ministre, de vouloir bien soumettre cette affaire à une nouvelle enquête, afin de faire constater l'exacte vérité, ce qui aura lieu si elle est faite par un homme consciencieux ; et s'il est reconnu, comme cela doit être, que j'ai agi de bonne foi, sincèrement et loyalement, sans porter le moindre préjudice à personne, vous me réhabiliterez dans tous mes droits.

J'ai l'honneur d'être,

Monsieur le Ministre,

votre très-humble et très-obéissant serviteur.

AUGÉ.

Vicdessos, le 12 avril 1878.

Toulouse.—Imp. DOULADOURE.

www.ingramcontent.com/pod-product-compliance
Lightning Source LLC
Chambersburg PA
CBHW071431060426
42450CB00009BA/2130